DEBAIXO DO SOL

DEBAIXO DO SOL

Eunice Arruda

Ateliê Editorial

Copyright © 2010 by Eunice Arruda

Direitos reservados e protegidos pela Lei 9.610 de 19 de fevereiro de 1998.

É proibida a reprodução total ou parcial sem autorização, por escrito, da editora.

Dados Internacionais de Catalogação na Publicação (CIP)
(Câmara Brasileira do Livro, SP, Brasil)

Arruda, Eunice
Debaixo do Sol / Eunice Arruda.
Cotia, SP: Ateliê Editorial, 2010.

   ISBN 978-85-7480-524-5

   1. Poesia brasileira I. Título.

10-11757   CDD-869.91

         Índices para catálogo sistemático:
         1. Poesia: Literatura brasileira   869.91

Direitos reservados à

ATELIÊ EDITORIAL

Estrada da Aldeia de Carapicuíba, 897

06709-300 – Granja Viana – Cotia – SP

Telefax: (11) 4612-9666

www.atelie.com.br / atelie@atelie.com.br

Printed in Brazil 2010

Foi feito depósito legal

DEBAIXO DO SOL 9

ASSIM 10

ENTÃO 11

INCIDENTE 12

RITUAL 13

SINAIS 14

HOUVE — I 15

HOUVE — II 16

HOUVE — III 17

PEDESTRES 18

O QUE VAI NASCER 19

CÍRCULO 20

NASCIMENTO DO POEMA 21

OS GRANDES TEMAS 22

JOGO 24

UM DIA DEUS 26

MONGE 27

AO PÓ 28

RIO SERGIPE 29

HISTÓRIA 31

VERMELHO — I 33

VERMELHO — II 34

TRÊS 36

POEMA 37

ENTARDECER 38

TAMBÉM OS MORTOS 39

JACIRA 40

MÃE 41

VISITAÇÃO — I 42

VISITAÇÃO — II 43

RIMAS 44

NO DIA 45

PRECISA 46

A OUTRA DOR 47

PREPARAÇÃO 48

FOTOGRAFIA 49

FORMAS 50

O OUTRO 51

MATURIDADE 52

LEMBRANÇA 53

O TEMPO 54

NOTÍCIA 55

À ESTRELA 56

ENIGMA 57

PEDIDO 58

EM DEZEMBRO 59

CRIANÇAS 60

OLHE 61

INDIGN/AÇÃO 62

DEBAIXO DO SOL

eu

vivo

para ir

tirando de mim
as camadas do Sonho

ASSIM

Nada
devo pedir
Sei o que quero
não sei o que me
quer. Então
ergo o rosto ao sol
e sigo – visível – ao
destino

ENTÃO

As forças me regem

Me põem em um caminho
me afastam deste caminho

E eu vou provando o mundo
todos os lados
todos os gostos
até que rota exausta exata
as forças me entreguem

À outra roda

INCIDENTE

Um vaso se quebrou
no brilho da
festa

Choro
descendo as escadas
sem jamais ter encontrado na porta
uma possibilidade de
saída

RITUAL

Raízes olhando o
céu

Cacos de louça no
brilho liso do
chão

Todo leite foi
derramado

Suados
quebramos a rotina

SINAIS

Há pressão às
vezes

A cabeça tomba

Na boca
um gosto de despedida
e o coração
– desnorteado – bate
                asas assustadas

HOUVE – I

estranhos gestos de ternura
percorrendo conhecendo os limites
do corpo tentando provar o mel o
gosto do amor na pele do momento:
além
era o mar recortado de sombras
mãos úmidas de orvalho, seiva da
árvore
que nos escondia e nos revelava
um brilho de faca outro de sol

HOUVE – II

um
sentimento

depois

chuvas repentinas
inexplicáveis
febres
foram

engolindo à força
        a força

HOUVE – III

o primeiro

e
o

último dia

PEDESTRES

Nesta cidade de rodas
nos arrastamos
ágeis répteis
          escapando

A qualquer momento
uma roda nos atira
              fora
desta cidade
resta o muro
cinza ilha

Nesta cidade de rodas
nesta cidade tão grande
nos arrastamos
     nunca alcançando
o abraço a festa o brilho

Resta o roteiro retorno
exausto à casa
O pensamento pairando
sobre a poeira a calçada

E com trôpegos
torpes passos
chegamos

Hoje não morremos

O QUE VAI NASCER

o que vai nascer se
aproxima

lentamente

e a mente
lenta
vê
apenas um vulto brincando

na sala
sol – ainda entre nuvens –
brilha

o que vai nascer

retorna
de algum exílio aguarda

braços se transformarem em berço

CÍRCULO

tantos poemas
rompendo gavetas
se espalham na sala
na pele
tantos poemas
pontos
brilhando as águas
                escuras
avenidas me abraçam
com dias mormaço chuvas
repentinas e poemas
tantos passos rondando
os limites da casa
rodeando o corpo
tantos poemas

NASCIMENTO DO POEMA

longe das
circunstâncias

montanhas encontrando
as nuvens, longe

vejo
perto

em letra lúcida legível
o nome traçado no tronco

da outra árvore
longe

das circunstâncias

há

a fotografia do sonho

OS GRANDES TEMAS

Procuro sonho procuro
os grandes temas
Infância
amor
morte
Mas
sequer as coisas pequenas
cabem dentro do meu dia

Faíscas golpes relâmpagos
Vou escrevendo escrevendo
rabisco os papéis e a vida
Mas volta e meia
ando às voltas
rodeando os
grandes temas
Quando deles
com palavras me aproximo
e íntegro o mundo me abraça
migalhas caem das mesas
Melodia tão longínqua
que o ruído de vasos
pratos quebrados
me impede de escutar
Eu sinto
que os grandes temas recusam
minhas mãos cheias de embrulho

Mas volta e meia
ando às voltas
rodeando os
grandes temas
Volta e meia
procuro

Sonho procuro em sonho
o infinito a praia o luar
e muitas outras imagens
que evoquem os grandes temas
Mas
desperto
com buzinas
ruídos anunciando
o pão o jornal o passo
E o dia me mostra as sobras
cinzas dos grandes temas
espalhadas no
tapete
O dia
talha em meu rosto o trilho
e me retalha em horas

Mas volta e meia
ando às voltas
rodeando os
grandes temas
Volta e meia
procuro

O mar em poças de água

JOGO

Esse convívio com as palavras
esse convívio íntimo com as
palavras
Corro um risco jogo cartas

Enquanto o tempo vai escorrendo
areia fina mas contínua
há noite entrando na sala
programas saindo do ar

Eu recolho as palavras
na casa povoada
de vozes ranger de dentes
se alguma veia se rompe
e a mão – trêmula – vacila

Corro o risco jogo

Olho o branco olho o traço
O tempo arca meus ombros
sobre o papel
o vento simula passos
Olho o branco risco o ouro
brilhando pontas de luz
E tateio
muitas camadas de sombra
intervalos cortando o rio

Esse convívio com as palavras
esse convívio íntimo com as
palavras
Corro jogo risco a morte

UM DIA DEUS

Um dia Deus
pedirá aos
poetas

Que levantem

E andem

A dar notícias
como jornais
a espalhar palavras
pão

Eles
sairão do
poço
– fundo cavado –

Mas
se afastarão

Inventaram
a própria ressurreição

MONGE

para H. Masuda Goga

sempre
longe

solitário
monte

guardando na
entranha adormecida
chama

sempre
longe

solitário
monge

olhando o
céu se misturando às
nuvens

sempre longe
sempre perto

de quem não o esquece
de quem não o esquece
          solitário
Monte Fuji

AO PÓ
para Álvaro Alves de Faria

Atravesso noites
ruas desertas
estações

(Jamais deveríamos ter retornado)

Deixo para trás os
rebanhos. Aparto-me
Os magos rompem a
noite mas
nenhuma estrela
guia

Ao pó retorno sem as esmeraldas

RIO SERGIPE
para Maria de Lourdes Hortas

no saguão
o marrom dos sofás
                    suporta a
espera olhando

na manhã
o vermelho das melancias
e brancas fatias de bolo rodeiam
o café com fumaça e sonho

no caminho
                em direção
ao correio
uma fotografia vista
aérea
lembra
            outra cidade de sol

na esquina – cegos –
                contam cantam
o amor
nas águas do rio
Sergipe
pardos os barcos deslizam

na praça

ciganas coloridas agachadas
espreitam
súbito tremor abre
minhas mãos: o que era longe é perto

HISTÓRIA
para Juliana de Aguiar Marcondes Cesar

Uma vez
a sorte bateu
em minha
porta

Flores estremeceram
em pânico
espelhos me rodearam
Não abri à
sorte

Chacoalhando os prêmios
ela partiu – vidros esmagados –
sob rodas

Só
uma vez
a sorte bate
na porta
aliso o ardor
      chama ilumina
      um rosto que não conheço

Agora
entregue e à
sorte
abraço a minha pobreza
cerzindo roupas
com mãos alegres
vigio

o sono dos sonhos

VERMELHO – I
para Renata Pallottini

quebra

a noite
estala

duro som

O vinho corando
as faces se tocam
aquecidas
O morno aroma
de flores
vem dos pátios
com o luar
brilha o corpo dançarino
ágil alvo

Um pouco da alma sonha que
sonha e
amanhece
em Madrid

Lenços coloridos nos acenam
se alcançamos a Plaza Mayor

VERMELHO – II
para Renata Pallottini

Aceno um lenço vermelho
nas ruas de Madrid
meus versos se espalham
ao som de meu nome
– pétalas colorindo pedras –

Nas ruas de Madri
aplausos explodem
meu coração

Aceno um lenço vermelho
e recebo o sopro úmido
de tua boca
nas ruas de Madrid

Meus versos se espalham
ao som de meu nome
aplausos explodem
pedras coloridas

Sob pétalas
aceno um lenço vermelho
nas ruas de Madrid
recebo o sopro úmido
de tua boca dizendo
anda

E eu andei
a arder me encontraram (disseram) nas ruas

TRÊS
para Marcelino Freire

não
mova a
palha

indague
o branco das
nuvens

descanse o mundo

POEMA

para Marisa Fillet Bueloni

o lúcido
olhar de Deus
atravessou

o deserto

entrou
em minha
casa

e eu

que não sou
digna
amanheci

Curada

ENTARDECER

para Massao Ohno

Em repouso
pássaro recolhido
sob as asas

Aguarda a vertigem do sonho
voo
entre duas tardes exaustas
de um domingo
Enrolado num silencio úmido

Depois
algumas pancadas
de chuva
Súbito sol brilha
poças de
água
e ele se ergue

Para olhar uma cor do arco-íris

TAMBÉM OS MORTOS
para Lúcia Ribeiro da Silva

Também os mortos
me acompanham

Entre um e outro
degrau

Paramos. Como quem
descansa um fardo

Ao cair da tarde
– xale vinho aquecendo o corpo –
os mortos me acompanham

Entre um e outro
degrau

Mas
não me toquem – ainda
estou sonhando –

JACIRA

A que não
precisou
viver

Está

Misturada à
terra

Nenhum sopro
ressuscitou
o seu corpo

Debaixo do
sol
não precisou viver
                    sangrar

Ela – a irmã –
a que não precisou
viver
vive
vigia
o plantio a colheita

Herdou o chão

MÃE

mãe da hora
extrema
sai do silêncio
    da neblina
volta

volta a menina antiga
                afeita
às chuvas e aos relâmpagos
tenta

tenta atravessar o rio
                o escuro
é hora – a extrema –
        a de alcançar a outra margem
        a margem –
        – mãe

abandona a sombra
        o silêncio
vem
vigia
vela na mão vem
– cobertas me abraçando –
silenciosamente
me recolhe – mãe – na hora extrema

VISITAÇÃO – I

Minha mãe mora tão longe

Bato palmas em sua porta

Verde a grama me recebe

VISITAÇÃO – II

Com úmidos
panos
brancos

Limpamos a
sua
face fria

Laje

RIMAS

Deus não tem
pedra na
mão

Ele usa
as pessoas
– um irmão –
para nos arrancar
de algum chão

Ainda não é
aqui
então

É a próxima é a próxima é a próxima a estação

NO DIA

Um sol
me abraça

Amo o que é
        sonho
        fumaça

O que passa

PRECISA

a vida precisa
de telhados
            pombas
            olhando
a vida é ave
            ávida. E precisa

A OUTRA DOR

Caim já não me
mata

De mim – rápido –
se afasta

PREPARAÇÃO

no sono

as portas se

abrem

FOTOGRAFIA

sobre o corpo
o espírito

sobrevoando
suplica

pouso

FORMAS

presos
os pássaros
cantam

presos:
os pássaros
cantam

O OUTRO

Ele foi
só
crucificado

Jamais
foi
esquecido ou lembrado

MATURIDADE

perdoei-

-os

meus sonhos

LEMBRANÇA

Não ouvi o toque
anunciando a
despedida

Nos dias lisos
o choro
foi
escorregando
fundos soluços
Lágrimas na mesa

Depois
outros sonhos ruas alcançaram
o seu corpo
– pássaro tenro –

E eu
inútil e culpada
fui olhar as flores
ouvir a voz das árvores
Só a lua cheia denunciando os disfarces

Meu corpo treme de remorso

O TEMPO

Os olhos se resguardam
sob as pálpebras mas
o tempo passa

Junto aos nossos passos cautelosos
que ultrapassam e retornam
sempre
o tempo caminha
Na superfície calma dos retratos
inscreve seu itinerário
Passeia com cautela em nosso rosto
fala pela boca das crianças
murmura no cansaço nossas mortes

Em vão
se preenchem as horas
O tempo leva em seu rio nossas sementes
para um mar

NOTÍCIA

reencontrei
você – a

vida – quer
continuar

À ESTRELA

Não é hora de
brilhar

Amanhece

ENIGMA

Inventamos
rotas
ordens a seguir

Jogávamos

Rostos debruçados
sobre a mesa
cartas
procurando o destino

Mensagens foram atiradas e o mar
devolvia flores perfumes
perguntas

Debaixo do sol
buscamos
sinais
e o tempo foi comendo nosso corpo
pai devorando os filhos

Nas noites de céu alto
a lua
cheia
ouvia os soluços

Nunca soubemos
o que fomos

PEDIDO

Neste ano
silencie

Não revele o segredo
não descubra o rosto

No esconderijo
cave
fundo
funda o lugar onde
diamantes
adormecem

E permaneça
fincado
como montanha

O clamor do céu
impelindo o voo
silencie

Neste ano
só
ouça a própria
voz

EM DEZEMBRO

a lenta
iluminada
agonia

retorna a
voz esquecida sob a
pele

em dezembro

águas passadas movem
moinho

CRIANÇAS

Montanhas. Pó
debaixo do
sol

Crianças
amontoadas

Do céu caem
pacotes

Bombas. Crianças
explodem

Debaixo do
sol
montanhas de pó

OLHE

O mundo é escrito
a portas
fechadas

Pequenas aranhas sobem
por um fio quase
invisível

As coisas ardentes
não dizem o
nome

INDIGN/AÇÃO

ter

tantas

moradas

e
habitar um corpo

EUNICE ARRUDA nasceu em Santa Rita do Passa Quatro, interior de São Paulo. Vive em São Paulo Capital desde 1955. É um dos principais nomes da Geração 60, que revelou poetas como Álvaro Alves de Faria, Cláudio Willer, Roberto Piva, Orides Fontela e Celso de Alencar. Tem vários livros publicados no Brasil e participou de importantes antologias no exterior. Entre eles, destacam-se: *É Tempo de Noite*, em 1960, pela Massao Ohno; *Risco*, em 1998, pela Nankin Editorial; e *Anthologie de La Poésie Brésilienne*, em 1997, pela Éditions Chandeigne, Paris. É uma das pioneiras na criação de oficinas literárias no país, tendo passado pela Oficina da Palavra e pela Biblioteca Mário de Andrade. No ano de 2005, foi homenageada com o prêmio *Mulheres do Mercado*, concedido pela Casa de Cultura de Santo Amaro, SP. Prepara para 2011 a reunião de sua poesia completa. Para mais informações sobre autora e obra, visite: www.poetaeunicearruda.blogspot.com. Ou escreva para: poetaeunicearruda@bol.com.br.

LIVROS INDIVIDUAIS

É tempo de noite. SP: Massao Ohno Editora, 1960
O chão batido. SP: Coleção Literatura Contemporânea, n° 7, 1963
Outra dúvida. Lisboa: Panorâmica Poética Luso-Hispânica, 1963
As coisas efêmeras. SP: Brasil Editora, 1964
Invenções do desespero. SP: Edição da autora, 1973
As pessoas, as palavras. SP: Editora de Letras e Artes, 1976, 1ª edição. SP: Editora do Escritor, 1984, 2ª edição
Os momentos. SP: Nobel/Secretaria do Estado da Cultura, 1981
Mudança de lua. SP: Scortecci Editora, 1986 (1ª edição), 1989 (2ª edição)
Gabriel:. SP: Massao Ohno Editora, 1990
Risco. SP: Nankin Editorial, 1998 (Prêmio *Fernando Pessoa* da União Brasileira de Escritores, RJ/RJ)
À beira. RJ: Editora Blocos, 1999
Memórias. SP: Escrituras Editora, 2001 (Poemas sobre xilogravuras de Valdir Rocha)
Há estações. (haicai) SP: Escrituras Editora, 2003 – selo Programa Nacional do Livro Didático
Olhar. (haicai) SP: Dulcinéia Catadora, 2008
Dias contados. (conto). SP: RG Editores, 2009

PARTICIPAÇÃO EM ANTOLOGIAS

Antologia dos novíssimos. SP, Massao Ohno Editora, 1961
Poesia del Brasile d'oggi. Palermo, Itália, Editora i.l.a. Palma, 1970
Poetas da cidade. SP, Editora i.l.a. Palma, 1970
Mulheres da vida. (Míccolis, Leila, org.). SP, Vertente Editora, 1978
Voces femininas de la poesia brasileña. (Sampaio, Adovaldo Fernandes, org.). Goiás, Editorial Oriente, 1979

Palavra de mulher. (Hortas, Maria de Lourdes, org.). RJ, Editora Fontana, 1979

Paralelos poéticos. SP, Editora do Escritor, 1980

Veia poética. SP, Vertente Editora, 1981

Carne viva. (Savary, Olga, org.). RJ, Editora Anima, 1984

100 haicais brasileiros. SP, Aliança Cultural Brasil-Japão/Massao Ohno Editora, 1990

Saciedade dos poetas vivos. (Míccolis, Leila e Faustino, Urhacy, org.). SP, Edicon Editora, 1991

Saciedade dos poetas vivos – coletânea de haicais. (Míccolis, Leila e Faustino, Urhacy, org.). RJ, Editora Blocos, 1993

Contra-lamúria. (Xavier, Arnaldo e Jatobá, Roniwalter, org.). SP, Casa Pyndahyba, 1994

Haicai – a poesia do kigo. (com Goga, H. Masuda e Oda, Teruko). SP, Aliança Cultural Brasil-Japão, 1995

Anjos poéticos. (Faria, Álvaro Alves de, org.). SP, Editora Nova Alexandria, 1995

Enciclopédia de literatura brasileira – volume 1. (Coutinho, Afrânio e Sousa, J. Galante de, org.). RJ, Oficina Literária Afrânio Coutinho, 1ª edição, 1995

Intimidades transvistas – coletânea de poemas sobre pinturas de Valdir Rocha. SP, Escrituras Editora, 1997

Poésie du Brésil. (Sarmento, Lourdes, org.). Paris, Éditions Vericuetos, 1997

Anthologie de la poésie brésilienne. (Pallottini, Renata, org.). Paris, Éditions Chandeigne, 1997

Haïku sans frontiéres – une anthologie mondiale.(Duhaime, André, org.). Canadá, Les Éditions David, 1998

Fui eu – visão de 41 poetas sobre uma pintura de Valdir Rocha. (Arruda, Eunice, org.). SP, Escrituras Editora, 1998

Dicionário Biobibliográfico de Escritores Brasileiros Contemporâneos. (Neto, Adrião, org.). Piauí, Edições Geração 70, 1998

Lua na janela – antologia do Grêmio Haicai Ipê. SP, Edições Caqui, 1999

Brasil 2000. (Faria, Álvaro Alves de, org.). Coimbra, Portugal, Edição Alma Azul, 2000

Antologia da Geração 60. (Faria, Álvaro Alves de e Moisés, Calos Felipe, org.). SP, Nankin Editorial, 2000

Poesía de Brasil – volume 1 (Curvello, Aricy, org.). Bento Gonçalves, RS, Proyecto Cultural Sur / Brasil, 2000

Antologia dos poetas paulistas. (Congílio, Mariazinha, org.). Lisboa, Universitária Editora, 2001

Enciclopédia de literatura brasileira – volume 1. (Coutinho, Graça e Moutinho, Rita, org.). SP, Global/Fundação Biblioteca Nacional/ Academia Brasileira de Letras, 2ª edição, 2001

Dicionário crítico de escritoras brasileiras. (Coelho, Nelly Novaes, org.). SP, Escrituras Editora, 2002

Poésie du Brésil – volume 1 (Curvello, Aricy, org.). Bento Gonçalves, RS, Projet Culturel Sud / Brésil, 2002

Ich träume deinen Rhythmus. Hauptstadt der Poesie (Ingo Cesaro, org.). Kronach, Alemanha. Neue Cranach Presse Kronach, 2003

Cenapoética/scènepoétique. (Alencar, Celso de e Men, Yvon Le, org.). SP, Editora Limiar, 2003

A Vocação Nacional da UBE – 62 Anos. (Sayeg, J.B. e Carneiro, Caio Porfírio, org.). SP, RG Editores, 2004

O conto brasileiro hoje – volume V . SP, RG Editores, 2007

Poesia do Brasil – volume 5 (Gomes, Artur, org.). Bento Gonçalves, RS, Proyecto Cultural Sur / Brasil, 2007

O conto brasileiro hoje – volume VI. SP, RG Editores, 2008

O conto brasileiro hoje – volume VII. SP, RG Editores, 2008

Os dias do amor. (Ramos, Inês, org.). Portugal, Ministério dos Livros Editores, 2009

Divina Música – Antologia de Poesia sobre Música. (Baptista, Amadeu, org.). Uma edição comemorativa do 25.º Aniversário do Conservatório Regional de Música de Viseu, Portugal – 2010.

Título	Debaixo do Sol
Autora	Eunice Arruda
Editor	Plinio Martins Filho
Projeto Gráfico	Marcela Souza
Formato	13,5 x 21 cm
Tipologia	Palatino 11/14
Papel	Pólen bold 90g/m^2
Número de Páginas	72
Impressão do Miolo	Prol Gráfica e Gráfica